BIBLIOTHÈQUE SOCIALISTE

Cours d'Économie Sociale

VII et VIII

L'ÉVOLUTION DU CAPITAL

PAR

GABRIEL DEVILLE

IV

MACHINISME ET GRANDE INDUSTRIE

PRIX : 20 CENTIMES

PARIS

HENRY ORIOL, ÉDITEUR

11, RUE BERTIN-POIRÉE, 11

BIBLIOTHÈQUE SOCIALISTE

Le Capital, par KARL MARX, prix   5 fr. 00.

Le Capital de Karl Marx, *résumé et accompagné d'un aperçu sur le socialisme scientifique,* par GABRIEL DEVILLE, prix   3 fr. 00.

Le Programme du Parti ouvrier, *son histoire, ses considérants, ses articles,* par J. GUESDE et P. LAFARGUE, prix   1 fr. 00.

Le Collectivisme au Collège de France, *(Réponse à M. P. Leroy-Beaulieu),* par JULES GUESDE, prix   0 fr. 20.

Le droit à la paresse, par PAUL LAFARGUE, prix   0 fr. 35.

Rapports et résolutions des Congrès ouvriers de 1876 à 1883, par J. DORMOY, prix   0 fr. 40.

Compte rendu officiel du Congrès ouvrier de 1884 tenu à Roubaix, prix   0 fr. 10.

Cours d'Économie sociale

Le cours d'Economie sociale, ouvert par *le Cercle de la Bibliothèque Socialiste* du Parti ouvrier, est fait alternativement par P. Lafargue et G. Deville, qui traitent chacun une partie spéciale de l'Economie sociale. — Les conférences sont publiées en brochures de 0 fr. 10 c. dans leur ordre de succession.

ONT PARU :

Le Matérialisme économique de K. Marx, par P. LAFARGUE.

     I. *L'idéalisme et le matérialisme dans l'histoire.*
     II. *Le milieu naturel : Théorie darwinienne.*
     III. *Le milieu artificiel : Théorie de la lutte des classes.*

L'Évolution du Capital, par G. DEVILLE.

     I. *Genèse du Capital.*
     II. *Formation du Prolétariat.*
     III. *Coopération et manufacture.*

L'ÉVOLUTION DU CAPITAL

IV

Machinisme et grande industrie.

J'ai indiqué dans la précédente conférence comment avait été rendue possible, par la division manufacturière du travail, la construction des machines, c'est-à-dire la révolution industrielle qui, à la fin du siècle dernier, a ouvert l'ère moderne de la production capitaliste.

Le moyen de travail ne s'est pas, subitement, métamorphosé d'outil manuel en machine-outil : ainsi que le dit Marx, « pour les époques historiques comme pour les époques géologiques, il n'y a pas de ligne de démarcation rigoureuse » Mais c'est seulement depuis une centaine d'années que ce mouvement a commencé à s'opérer d'une manière caractéristique. Dès 1773 fonctionnaient en France quelques machines à filer le coton de dix-huit à vingt broches, en 1784 fut introduit le métier à filer d'Arkwright, en 1789 fut construite à Amiens une Mule-Jenny de deux cent quatre-vingt broches.

Tantôt la machine-outil n'a été dans son entier qu'une adaptation plus ou moins corrigée de l'ancien instrument manuel ; tel fut le métier à tisser mécanique dans la première forme duquel se reconnaît à première vue le vieux métier. Tantôt les organes d'opération ajustés à la charpente de la machine-outil étaient des outils connus de longue date, tels que les fuseaux de la Mule-Jenny, les aiguilles du métier à bas, etc. En résumé, on retrouve en grand dans la machine-outil, quoique avec des changement de forme, les appareils et les instruments qu'emploie l'artisan ou l'ouvrier manufacturier ; seulement, d'instruments manuels de l'homme, ils sont devenus instruments mécaniques d'une machine. La machine-outil est donc un mécanisme qui, ayant reçu le mouvement convenable, exécute, à l'aide de ses instruments, les mêmes opérations que le travailleur exécutait auparavant à l'aide d'instruments semblables. Mais, dès que l'instrument sorti de la main de l'homme est manié par un mécanisme, dès que, en d'autres termes, la machine-outil a pris la place du simple outil, une révolution est accomplie, alors même que cette machine a l'homme pour moteur. En effet, le nombre d'outils avec lequel l'homme peut travailler en même temps, est limité par le nombre de ses propres organes, l'homme n'a que deux mains ; tandis que le nombre d'outils mis en jeu à la fois par une même machine d'opération, fut du coup émancipé de la limite organique que ne pouvait dépasser l'outil manuel : si le rouet n'avait qu'un fuseau, la Jenny, même dans sa première ébauche, fila avec douze et dix-huit fuseaux.

Il faut bien distinguer le rôle de l'ouvrier comme simple moteur, et son rôle comme exécuteur de la main-d'œuvre proprement dite. Pour saisir nettement cette distinction, examinons, par exemple, le rouet : le pied agit sur la marchette comme moteur, et les mains filent en travaillant au fuseau ; c'est sur cette dernière partie de l'instrument, sur l'organe de l'opération manuelle, que la révolution industrielle porte tout d'abord, laissant à l'homme, à côté de la nouvelle besogne de surveiller la machine, le rôle purement mécanique de moteur.

La machine, réunion d'instruments simples mis en mouvement par un moteur unique, n'est cependant que le premier élément de la production mécanique. Arrivés à un certain point, les dimensions de la machine d'opération et le nombre de ses outils ne peuvent être augmentés que si on dispose d'une force d'impulsion supérieure à celle de l'homme, sans compter que l'homme est un agent très imparfait en ce qui concerne la production d'un mouvement continu et uniforme. Aussi, dès que l'outil est remplacé par une machine mue par l'homme, il devient bientôt nécessaire de remplacer l'homme, dans le rôle de moteur, par d'autres agents naturels. On a eu recours au vent, au cheval, à l'eau ; il y a un siècle, le moteur hydraulique faisait chez nous marcher des métiers de cinquante et soixante broches. Mais ce n'est qu'en 1784, avec la machine à vapeur à double effet de Watt, que l'on connut réellement un moteur capable d'engendrer lui-même sa propre force motrice en consommant de l'eau et du charbon, pouvant se transporter et s'installer partout où son action est réclamée, et dont le degré de puissance, illimité, est entièrement réglé par l'homme.

Ces divers agents moteurs, vent, cheval, eau et même vapeur, étaient connus pendant la période manufacturière ; mais à eux seuls ils n'avaient amené aucune révolution dans l'industrie. Ce n'est qu'après l'entrée en scène de ces nouvelles acquisitions des forces productives, les machines-outils, qu'ils ont été eux-mêmes révolutionnés et qu'ils ont acquis toute leur importance. Une fois que l'action de ces agents naturels a eu affranchi le moteur des bornes de la force humaine, un seul moteur put mettre en mouvement plusieurs machines-outils ; et la machine-outil, point de départ de la révolution industrielle, tomba, par cela même, au rang d'un simple organe du mécanisme d'opération ; celui-ci est alors une agglomération de machines fonctionnant sous l'impulsion d'un moteur commun, qui grandit avec le nombre croissant des machines-outils placées sous sa dépendance. De même que de nombreux outils forment, nous l'avons vu, les organes d'une machine-outil, de même de nombreuses machines-outils forment autant d'organes d'un mécanisme moteur central. La machine isolée est, dès lors, remplacée par un monstre mécanique dont les membres gigantesques emplissent des bâtiments entiers.

Si la machine-outil est chétive tant que l'homme reste son moteur, si le système mécanique progresse lentement tant que les forces motrices traditionnelles, le vent, l'animal et même l'eau, ne sont pas remplacées par la vapeur, la grande industrie est retardée dans sa marche tant que la machine elle-même doit son existence à la force et à l'habileté humaines, et dépend ainsi de la puissance musculaire, du coup d'œil et de la dextérité manuelle de l'ouvrier, insuffisants en présence des dimensions et de la précision mathématique devenues nécessaires. On avait déjà un moteur susceptible de tout degré de puissance, dans la machine à vapeur ; mais, pour fabriquer les machines au moyen des machines, il fallait, en outre, produire mécaniquement les formes strictement géométriques telles que le cercle, le cône, la sphère, qu'exigent certaines parties des machines. Ce problème a été résolu au commencement de ce siècle par l'invention du chariot du tour bientôt rendu automatique. Sans ce modeste engin,

la grande industrie moderne, la grande production capitaliste, n'au-
raient pu exister. A mesure que, dans le premier tiers de notre siècle,
la grande industrie s'accroît, le machinisme s'empare peu à peu de la
construction des machines; dans le deuxième tiers seulement appa-
raissent les machines colossales employées à la fabrication des premiers moteurs.

Collection d'outils mue d'abord par l'homme, la machine a eu ensuite pour moteur des forces naturelles, et ses développements suc-
cessifs, aboutissant au façonnement de plus en plus parfait de la
matière sans le secours de l'homme réclamé seulement après coup,
ont donné naissance à un système de machines automatiques rece-
vant leur mouvement par transmission d'un premier moteur se mou-
vant lui-même.

Ces transformations, ces perfectionnements de l'outillage industriel, ne se sont nullement effectués sur l'initiative de ses posses-
seurs, les capitalistes industriels; ceux-ci n'ont contribué au progrès
qu'à leur corps défendant. La haine du changement se remarque
surtout chez l'industriel français dont l'esprit de routine cause l'in-
fériorité sur le marché. Si le capitaliste n'agit jamais par amour de
l'art, souvent il comprend mal son propre intérêt : c'est que son avi-
dité, comme pour le brochet sa gloutonnerie, le rend stupide et ne
lui laisse apercevoir que le résultat immédiat. Sa règle de conduite
est de réaliser la plus forte somme possible de gain en déboursant
le moins possible; aussi est-il réfractaire aux améliorations mécaniques entraînant des frais d'achat et d'entretien qui ne doivent être
couverts que dans un temps plus ou moins éloigné, et cherche-t-il, le
cas échéant, à compenser les défectuosités de son outillage par l'abus
du travail au rabais, par l'élévation du degré d'exploitation de la
force ouvrière.

Que l'emploi d'une machine économise plus de travail que n'en
représentent sa construction et son fonctionnement, cet avantage
est nul pour le capitaliste qui, je l'ai expliqué dans ma deuxième
conférence, paye non le travail mais la force de travail. Ce que re-
garde le capitaliste, c'est la différence entre le prix de la machine
et le prix des forces de travail qu'elle peut suppléer; peu importe, à
ses yeux, la plus grande quantité de travail employée, si la somme
à débourser est moindre. C'est pourquoi la modicité des salaires met
obstacle à l'emploi des machines par le capitaliste. Nombreuses sont
les inventions françaises du xviiie siècle utilisées seulement en An-
gleterre, le bas prix de la main-d'œuvre en France étant tel, qu'il
était plus profitable d'accabler les ouvriers de besogne que d'user des
machines. Il existe des machines pour casser les pierres; on ne s'en
sert pas généralement chez nous, parce que les misérables obligés
d'accomplir ce travail sont si peu payés, que le capitaliste a plus
d'intérêt à les exploiter qu'à employer la machine. Vous avez pu
voir, le long de la Seine, des femmes tirant péniblement des bateaux,
c'est que les frais de halage au moyen de ces malheureuses sont
moins élevés que les frais des chevaux et des machines. La force humaine, ainsi cyniquement prodiguée et surmenée, s'épuise et s'éteint
rapidement; mais cela ne fait aucun mal au capitaliste; sa bourse,
au contraire, s'en trouve bien et, dans notre belle société bourgeoise,
c'est la seule chose à considérer.

Une diminution dans l'exploitation de la force ouvrière, une élévation des salaires, poussent à l'emploi des machines, au perfectionnement de l'outillage, qui diminuent le nombre des ouvriers

nécessaires : les moyens de production ne s'améliorent qu'autant que le changement est péremptoirement commandé aux capitalistes par leur intérêt privé.

Si, dans son extension, le machinisme se heurte encore, principalement en France, au mauvais vouloir des capitalistes, il a eu, lors de son introduction, à lutter contre l'hostilité ouvrière. Le travailleur se révolta contre l'instrument de travail sous la forme machine, et, pour la première fois, il attaqua le moyen matériel de production. Le 29 septembre 1794, dans son rapport sur la création du Conservatoire des Arts et Métiers, Grégoire disait à la tribune de la Convention : « Il n'y a que quatre ans encore, qu'au Havre et à Rouen, on était obligé de cacher les machines à filer le coton. »

Les ouvriers manufacturiers ne s'étaient pas soulevés pour détruire les manufactures ; ce furent les maîtres de corporation, et non les salariés, qui cherchèrent à entraver leur établissement. C'est que, durant la période manufacturière, les nouvelles forces, coopération et division du travail, eurent pour résultat de rendre plus productive la besogne des ouvriers employés, et non de rendre inutiles un certain nombre de ces ouvriers. Loin de supprimer des bras autrefois occupés, les manufactures absorbèrent une masse de vagabonds, de cultivateurs expulsés, etc. Avec le machinisme, au contraire, le moyen de travail devient, pour le travailleur, un concurrent immédiat, dont la force supérieure, accomplissant la tâche d'une multitude de bras, est toujours sur le point de le rendre superflu, de lui enlever, avec sa place, son pain.

Déplacés par la machine lorsqu'elle s'empare de leur outil, repoussés d'un genre d'industrie, les ouvriers ont à chercher un emploi dans un autre. Et leurs chances d'embauchage sont des plus minces ; car, en dehors de leur ancienne occupation de détail, ces hommes, rabougris par la division du travail, bons à peu de chose, ne sont acceptés que dans des emplois inférieurs, mal payés, et, à cause de leur simplicité même, encombrés de candidats. Si, malgré tout, ils réussissent à trouver un emploi, c'est en prenant le leur à des camarades, et, de toute façon, au bout du compte, un certain nombre de bras, occupés auparavant, ne le sont plus. Les ouvriers congédiés par la machine, ne sauraient retrouver un salaire sans en priver d'autres ouvriers, à moins que ne se soit présenté, en quête de bras, un capital en sus du capital qui fonctionnait déjà et dont la partie précédemment touchée en salaires par les ouvriers devenus inutiles, a été dépensée en machine, matières premières supplémentaires, etc. Dans ce cas, l'augmentation que ce capital additionnel en voie de placement aurait apportée à l'occupation de bras, est, en définitive, annulée jusqu'à concurrence des bras rejetés sur le marché du travail à la suite de l'introduction de la machine.

La disparition, occasionnée par l'installation de la machine, de sa spécialité et, par conséquent, de son salaire, l'anéantissement par la machine de ses conditions d'existence, voilà les faits brutaux qui ont soulevé le travailleur contre le moyen de travail, dans lequel il ne pouvait que voir un ennemi redoutable. Avec le temps, il a compris que l'ennemi n'est pas la machine, mais son mode social d'exploitation.

Malgré tout, la machine s'est imposée et s'impose tous les jours davantage. C'est que les machines permettent de produire beaucoup et à bon marché ; aussi, après leur apparition, la pro tion reçut-elle une impulsion prodigieuse. Mais, pour que cette impulsion ne fût pas enrayée, il fallait que la facilité à produire provenant des machines, ne se heurtât pas à des obstacles sociaux apportés au libre achat des divers éléments nécessaires à la production et au libre écoulement des produits. Cette facilité technique de production, qu'on venait d'acquérir, ne pouvait avoir son plein effet qu'à la condition que l'échange des marchandises fût enfin débarrassé des anciennes entraves. Devenue ainsi une nécessité économique, la liberté à réaliser fut le grand principe au nom duquel parlèrent et agirent les bourgeois révolutionnaires du siècle dernier; sa réalisation, commandée par la situation à cette heure du mode de production et des besoins matériels, fut la ruine du vieil ordre féodal ; réalisée, elle fit de l'échange de leurs marchandises, le seul lien social entre les producteurs affranchis des nombreuses restrictions d'autrefois, et aboutit au règne de la franche concurrence, pour la consolidation de laquelle les révolutionnaires montrèrent une sollicitude jalouse.

Le 1er avril 1791, fut inauguré, pour la marchandise force de travail, le nouveau régime de liberté qui, on doit le reconnaître, n'excita, parmi les plus directement intéressés, aucun enthousiasme. Pour les maîtres qui n'avaient point de capitaux à engager dans la lutte, la libre concurrence était la ruine et le rejet parmi les compagnons. Pour ceux-ci, elle devait être une source de misères. Les entrepreneurs d'industrie qui, à ce moment où, pour la première fois depuis le début de la révolution, les affaires reprenaient, se lancèrent dans un métier afin de faire fructifier leurs capitaux, exploitèrent la situation; ils embauchèrent librement les pauvres diables que la dissolution des ateliers de charité, ouverts au commencement de la période révolutionnaire dans le but de subvenir aux besoins immédiats des indigents, obligeait à se vendre librement, et les ouvriers ruraux accourus en nombre dans les villes. Pour manger, ces hommes tombés dans l'extrême dénûment et habitués aux privations, s'empressèrent d'accepter des salaires fort inférieurs aux salaires accoutumés des compagnons, qui se trouvèrent par là expulsés des ateliers.

Aussi, dès les premiers jours de ce mois d'avril, se produisit un mouvement qui, bien qu'ayant duré près de trois mois, a laissé à peine quelques traces dans les journaux de l'époque. Les compagnons parisiens organisèrent, pour la défense de leurs intérêts, une grève générale ; ce sont les charpentiers qui prirent l'initiative Chaque corps d'état eut bientôt son bureau, ses syndics, sa caisse. Ce fut là une tentative exclusivement ouvrière ; aucun homme politique, aucun publiciste, à l'exception de Marat qui accueillit les plaintes des ouvriers, ne daigna s'y intéresser.

Les ouvriers croyant avoir, de par la constitution nouvelle, le droit de s'associer, devaient, dans chaque corps d'état, former, par la voie de l'élection, un bureau chargé de s'entendre avec le syndicat des patrons et avec les représentants de l'autorité sur toutes les questions touchant le corps d'état et, notamment, sur les questions de salaire. Ils demandaient une augmentation immédiate et réclamaient l'égalité de salaire pour les hommes employés au même ouvrage. Enfin, ils voulaient, dans chaque corps d'état, fonder une caisse de secours mutuels contre les chances de maladie, les chômages et les infirmités de la vieillesse. Des projets de règlements basés sur ces idées, furent élaborés et quelques-uns même déjà signés.

Ce mouvement s'étendit à la plupart des villes, et des relations se nouèrent entre les sociétés d'ouvriers de même profession. Les autorités municipales essayèrent d'arrêter une agitation dans laquelle elles sentaient une menace contre la bourgeoisie. Dans une proclamation qu'il adressa aux ouvriers le 29 avril, le maire de Paris, Bailly, parla naturellement de liberté, insistant sur ce que chacun doit rester libre de louer son travail à qui il veut et dans les conditions qu'il lui convient d'accepter. Mais l'agitation ne cessa qu'après le décret du 14 juin 1791, qu provoquèrent les plaintes portées par les corps municipaux devant le comité de constitution. L'Assemblée qui avait passé sous silence comme inconstitutionnelles les pétitions des ouvriers, vota sans discussion ce décret condamnant d'une manière absolue toute association, tout concert entre hommes de même profession, et déclarant « attentatoire à la liberté » l'accord pour ne vendre la marchandise force de travail qu'à un prix déterminé. « C'est, dit le rapporteur Chapelier, aux conventions libres d'individu à individu à fixer la journée pour chaque ouvrier. » L'isolement devint la condition du travailleur.

Avant d'exposer la situation dérivée de l'établissement de la concurrence, voici quelques chiffres qui feront apprécier le mouvement imprimé à la production française par le nouveau régime.

En 1788 les produits fabriqués avaient une valeur de 931 millions 460 mille francs ; vingt-quatre ans après, en 1812, ce chiffre était doublé, la production industrielle était de un milliard 820 millions ; elle atteignait 4 milliards 37 millions en 1850, et, en 1873, 12 milliards dont la grande industrie produisait déjà au moins la moitié. La population qui était de 25 millions en 1788, était de 36 millions en 1873. On voit combien mesquin est cet accroissement comparé à l'accroissement de la production industrielle; tandis que celle-ci augmente dans des proportions de plus en plus fortes, la population augmente dans une proportion décroissante, le taux de son augmentation baisse constamment.

Il y avait deux machines à vapeur d'une force collective de 120 chevaux en 1784, 16 en 1814 d'une force de 312 chevaux, 616 en 1830 d'une force de 9,163 chevaux, 6,080 en 1852 représentant 75,518 chevaux, 20,947 en 1865 représentant 255,673 chevaux, enfin, en 1881, 44,010 machines d'une force totale de 576,424 chevaux-vapeur, équivalant à la force de 12,104,904 hommes. Je ne parle, bien entendu, que des machines directement employées à la production. Et la vapeur n'a pas chassé de l'industrie la force naturelle des courants d'eau, que le perfectionnement des turbines a permis d'utiliser d'une manière plus complète; sur les seuls cours d'eau du domaine public, la force motrice utilisée par les usines était, en 1867, de 31,687 chevaux-vapeur.

Si on examine la production de la houille et du fer qui sont les deux grands instruments de l'industrie moderne, on voit que l'extraction de la houille, assez négligée avant 1789, était en 1794 de 250 mille tonnes, en 1812 de 529 mille, en 1821 de un million 100 mille, en 1856 de 4 millions 400 mille, en 1866 de 12 millions, en 1881 de 19 millions 212 mille, et, aidée par l'importation, sa consommation atteignait 29 millions 445 mille tonnes. La production totale du fer était de 50 mille tonnes en 1740, de 100 mille en 1800, de 200 mille en 1830, de 254 mille en 1851, de 822 mille en 1866, et de un million 26 mille tonnes en 1881.

Dans l'industrie du coton, au premier rang dans l'histoire indus-

trielle des nations modernes, le filage mécanique qui était peu important avant 1789, comptait un million 28 mille broches en 1812,
3 millions et demi en 1839, et 4 millions 943 mille en 1881. Le tissage
qui comptait 5 mille metiers mécaniques en 1834, en comptait 31
mille en 1846 et 65,927 en 1881.

Avec le nouveau mode de production, avec le nouveau régime industriel que ce mode a engendré, chaque industriel aspire à sup-
planter ses rivaux, et le bon marché de ses produits est pour lui le
meilleur moyen de réussite. Pour l'emporter sur le marché, ou seulement pour s'y maintenir, le capitaliste est poussé par la concurrence à toujours produire à moins de frais; par cette raison il est,
sous peine de déconfiture, obligé de recourir de plus en plus au
machinisme et de perfectionner sans cesse son outillage. Aussi la
transformation en grande industrie mécanique est un phénomène
que nulle industrie ne pourra esquiver. Et cet accroissement obli-
gatoire des forces productives que le capitaliste est amené à con-
centrer dans ses mains, occasionne, par ce fait seul, un accroissement
de sa production.

Le mode de production capitaliste provoque, par conséquent, la
formation de vastes entreprises que développe la concentration
toujours plus grande de l'outillage, et exige, dès lors, une accumulation préalable toujours plus forte du capital. Dans l'impitoyable
guerre de concurrence qui se fait à coup de bas prix, les gros capitaux battent les petits, et les grands organismes de production
s'édifient sur les ruines d'une masse de petits capitalistes. A Reims,
en 1723, il y avait 1.400 métiers et 1.300 maîtres, en 1860, il y avait
150 fabricants ayant vingt-cinq mille métiers. A Rouen, il y avait,
en 1815, 1.500 fabricants de rouenneries, il y en avait 830 en 1842,
et, en 1860, 190 seulement commandaient à trente mille ouvriers et
faisaient fabriquer six cent mille pièces.

La grandeur du capital avancé constituant dans les batailles industrielles une des principales chances de victoire, la tendance à la
centralisation des capitaux l'emporte plus que jamais. Fusionnant,
en effet, au moyen des sociétés par actions, une multitude de capitaux individuels, cette centralisation forme de gros capitaux à la
puissante efficacité desquels un capital individuel ne saurait parvenir.

L'immense accumulation de moyens de travail à laquelle aboutit
la centralisation progressive du capital, réclame, pour la mise en activité de ces nombreux et énormes instruments, le concours, la coopération de bataillons de travailleurs. Une masse grossissante d'outils et d'ouvriers est, de la sorte, soumise à une direction commune.
Cette centralisation ouvrière s'opère en peuplant les villes au détri-
ment des campagnes. La population des villes qui ne formait que
le cinquième de la population française en 1789, se composait de plus
du quart en 1859, et aujourd'hui elle atteint le tiers. Par son agglomération des producteurs, la grande industrie a fait surgir comme
par miracle de vastes cités industrielles. Tarare, écrivait l'économiste
bourgeois Adolphe Blanqui en 1826, « qui n'était qu'un village en 1815,
occupe aujourd'hui plusieurs milliers d'ouvriers ». Le même économiste, en 1848, parle de Roubaix comme d'une ville improvisée « dont
la population a doublé depuis moins de vingt-cinq ans. » Nous venons
de voir Saint-Pierre-lès-Calais triplant presque sa population en vingt-
cinq ans.

Forcé par les instruments mêmes dont la concurrence lui impose l'emploi, à produire sur une échelle croissante, dominé ainsi par les moyens de production, le capitaliste produit sans attendre la demande. Et les produits sont tellement abondants qu'ils se trouvent à l'étroit sur le marché national; il leur faut, pour s'écouler, le marché des autres nations. La grande industrie solidarise les nations reliées par des besoins réciproques à la satisfaction desquels pourvoit une division internationale du travail, et rend indispensable pour chacune le marché des autres. L'etablissement du marché international sur lequel chacun tient à faire figure, est cause que la concurrence atteint un degré inouï de violence, et les deux effets de la concurrence que je viens d'indiquer, perfectionnement du machinisme et extension de la production, se font sentir plus energiquement. Mais l'extension des débouchés ne correspond pas à ce développement incessant des forces productives, un engorgement a lieu, le commerce s'arrête, l'industrie chôme, les faillites succèdent aux faillites, jusqu'à ce que l'encombrement cesse après une dépréciation plus ou moins considérable de marchandises. Une crise générale de cette espèce apparait à peu près tous les dix ans; la première a eu lieu en 1826. D'après le témoignage de l'économiste bourgeois Villermé, elle s'est prolongée jusqu'en 1833, occasionnant une longue interruption des travaux; d'après le même économiste, celle de 1837, diminua pendant un certain temps le salaire d'une partie de la classe ouvrière en même temps qu'elle laissait l'autre partie sans ouvrage. Sont venues ensuite les crises de 1847, 1857, 1866, 1876, et, à l'heure actuelle, nous traversons la septième.

Ainsi, en dehors des chômages partiels affectant chaque année, normalement peut-on dire, presque toutes les branches d'industrie, et se traduisant par une pénurie de besogne qu'accompagne une réduction du salaire, c'est-à-dire la misère, le salaire suffisant étant subordonné à la quantité régulière de besogne, — en dehors, dis-je, de ces chômages ordinaires, la production capitaliste enfante périodiquement des crises générales qui font suivre l'excès de travail de l'arrêt forcé du travail. La fréquence et l'intensité de ces crises iront croissant avec la puissance d'action des forces productives qui, en régime de concurrence capitaliste, leur donnent inévitablement naissance.

Si le capitaliste est dominé par les moyens de production, le travailleur l'est également. Créateur du capital, l'homme subit la domination de son œuvre, et, avec le machinisme, cette anomalie acquiert une réalité technique. Dans le système de grande industrie qu'a créé le développement du machinisme, les travailleurs sont incorporés à un organisme automatique, indépendant d'eux, à la marche duquel ils doivent scrupuleusement s'adapter, et, en même temps que lui, ils sont soumis à la force motrice centrale. Leur mouvement suit celui de l'instrument de travail, tandis que, dans la manufacture et le métier isolé, le mouvement de l'instrument partait d'eux; tandis que dans la manufacture et le métier ils se servaient de l'outil, maintenant ils servent la machine. « Le moyen de travail converti en automate, a écrit Marx, se dresse devant l'ouvrier, pendant l'action de travail même, sous forme de capital, de travail mort qui domine et pompe sa force vivante. » Quelle forme revêt, dans son exercice, le mode mécanique de production, et quelles sont les conséquences de sa domination sur les travailleurs, voilà ce que je vais examiner.

La fabrique, c'est-à-dire l'atelier basé sur l'emploi des machines, présente deux formes distinctes : ou la coopération de plusieurs machines semblables, ou une combinaison de machines différentes. Dans le premier cas, le produit est entièrement fabriqué par la même machine-outil, qui exécute toutes les opérations accomplies auparavant soit par un ouvrier à l'aide d'un seul instrument, soit par plusieurs ouvriers travaillant avec des outils différents. La fabrique consiste alors dans l'agglomération de machines-outils de même espèce, fonctionnant en même temps, dans le même local, sous l'impulsion d'un moteur commun. Ainsi une fabrique de tissage est formée par la réunion d'une foule de métiers à tisser mécaniques. Dans le second cas, lorsque la matière première doit parcourir une série de transformations graduelles, un système de machines, comme dans la filature, les exécute à l'aide de machines-outils différentes combinées ensemble. Dans cette combinaison de machines d'opération parcellaires, on retrouve la coopération avec division du travail qui caractérise la manufacture; mais une différence essentielle apparaît immédiatement : la division manufacturière du travail doit tenir compte des limites des forces humaines, et elle ne peut s'établir que d'après la possibilité d'exécution manuelle des diverses opérations partielles; dans la production mécanique, au contraire, affranchie des limites des forces humaines, la division, en plusieurs opérations, d'un acte de production, se fonde sur l'analyse des principes constituants et des phases de cet acte, la question d'exécution étant résolue par la mécanique, la chimie, etc. De même que, dans la manufacture, la coopération immédiate des ouvriers parcellaires exige des nombres proportionnels déterminés d'ouvriers pour les différents groupes, de même, dans la combinaison de machines différentes, l'occupation continuelle, les unes par les autres, des machines partielles fonctionnant simultanément et montrant au même instant le produit aux divers degrés de sa fabrication, crée un rapport déterminé entre leur nombre, leurs dimensions, leur vitesse et le chiffre d'ouvriers à consacrer à chaque catégorie.

L'habileté dans le maniement de l'outil ayant passé, avec l'outil, de l'ouvrier à la machine, la hiérarchie des forces de travail spécialisées établie par la division manufacturière du travail, est remplacée, dans la fabrique, par la tendance à égaliser les travaux dont sont chargés les ouvriers auxiliaires du machinisme. La facilité de ces travaux supprime la nécessité de les convertir en occupation exclusive de travailleurs particuliers condamnés à perpétuité, comme dans la manufacture, à la même besogne. La distinction fondamentale devient celle de travailleurs aux machines-outils, y compris quelques ouvriers chauffant la chaudière à vapeur, et de manœuvres subordonnés aux premiers. A côté de ces catégories principales prend place un personnel, insignifiant au point de vue du nombre, d'ingénieurs, de mécaniciens, etc., qui surveillent le mécanisme général et pourvoient aux réparations nécessaires. La grande industrie achève ainsi la séparation entre le travail manuel et les puissances intellectuelles de la production par elle transformées en pouvoir du capital sur le travail.

Quoique, au point de vue technique, le machinisme donne naissance à un nouveau système de division du travail, l'ancien système se maintient dans la fabrique, d'abord comme tradition léguée par la manufacture, ensuite parce que le capital l'érige en moyen d'exploitation. L'obligation de manier pendant la vie entière un outil parcellaire, devient l'obligation de servir, la vie durant, une machine parcellaire. On abuse du mécanisme pour transformer l'ouvrier en partie d'une machine faisant elle-même partie d'une autre. Ainsi attaché à une opération simple, dont la simplicité même fait une torture en enlevant au travail tout intérêt, dont la fastidieuse uniformité comprime le développement du corps et de l'esprit, sans apprendre un état quelconque, l'ouvrier n'est bon à rien si cette opération lui est enlevée soit par un renvoi, soit par une nouvelle découverte; menacé, dès lors, d'être rendu superflu, de se voir retirer, avec son emploi, ses moyens d'existence, sa dépendance absolue de la fabrique, et par cela même du capital, est consommée.

La suppression de l'effort musculaire, la facilité du travail à la machine, la rapidité avec laquelle il s'apprend, ont permis l'emploi d'ouvriers sans grande force musculaire et sans long apprentissage. Aussi, dès que le capital disposa du machinisme, fit-il appel au travail des femmes, au travail des enfants. Ce qui ne s'était vu dans aucun autre régime de production, la famille ouvrière fut désagrégée, tous ses membres, sans distinction d'âge ni de sexe, furent jetés dans la fabrique, et le travail forcé de tous au profit du capital devint la condition de l'entretien de la famille. Nous savons que la rétribution du travailleur a pour base ce qui est nécessaire à son entretien et à sa reproduction; mais en transformant en salariés la femme et les enfants aux besoins desquels la vente de la force de travail du chef de famille subvenait, en distribuant ainsi sur plusieurs forces la valeur d'une seule, la machine abaisse cette valeur. Les quatre forces, je suppose, que vend maintenant une famille ouvrière, peuvent lui rapporter plus qu'autrefois la vente de la seule force de son chef, mais aussi il faut que quatre forces au lieu d'une fournissent du surtravail, procurent une plus-value au capitaliste, pour qu'une seule famille vive. D'ailleurs, le supplément de recette se trouve balancé et dépassé par les frais de nourriture prise dehors, et par les dépenses en achats divers qu'entraîne, avec la confiscation de l'épouse et de la mère par le capital, la suppression des travaux domestiques.

La machine, ce moyen puissant d'alléger le labeur de l'homme, se change de la sorte, entre les mains du capital, en moyen d'augmenter le nombre des salariés; et, en augmentant la matière humaine exploitable, elle élève le degré d'exploitation. Désormais, non seulement l'ouvrier doit se vendre, mais encore il est contraint à trafiquer de ses enfants. Dans le *Bulletin de la Société industrielle de Mulhouse*, du 31 mai 1827, le docteur Perrot dit : « La misère engendre quelquefois chez les pères de famille un odieux esprit de spéculation sur leurs enfants, et des chefs d'établissement sont souvent sollicités pour recevoir dans leurs ateliers des enfants au-dessous de l'âge même où on les admet ordinairement. »

L'exploitation des enfants, née des exigences capitalistes, fut telle, que, pour arrêter la dégradation physique et morale qui menaçait la classe ouvrière, pour empêcher le capital d'épuiser avant l'âge la force humaine dont il ne saurait se passer, de tuer la poule aux œufs d'or, l'État, dans l'intérêt du capital, dut intervenir. Déjà, chez nous, en 1819, l'économiste bourgeois Sismondi signalait ces infortunées créatures qui « dès six ou huit ans... travaillent douze et quatorze heures... et périssent successivement de consomption avant d'avoir atteint vingt ans. » En 1827 un fabricant, clairvoyant celui-là, un des principaux filateurs du Bas-Rhin, comprit le danger que

courait l'exploitation capitaliste; il signala le dépérissement rapide
des enfants soumis à une tâche exténuante, et appela l'attention de
la Société industrielle de Mulhouse sur l'urgence d'une législation
protectrice de l'enfance. L'étude à laquelle, sur cet appel, se livra
cette société, donna lieu à de telles constatations que l'Académie des
sciences morales et politiques chargea deux de ses membres d'une
enquête. Les faits concluants exposés dans le rapport lu à l'Académie, en 1839, par M. Villermé, obligèrent le gouvernement à agir.

Suivant Villermé, tandis que l'enfant d'un manufacturier avait, à
sa naissance, d'après le calcul des probabilités, chance de vivre vingt-
huit ans, et l'enfant d'un manœuvre neuf ans, celui d'un simple ouvrier de filature à Mulhouse ne pouvait espérer plus d'un an et un
quart. Des enfants de cinq et six ans passaient quatorze et quinze
heures à rattacher des fils et tombaient épuisés sur le métier. Le
comte de Tascher cita à la Chambre des pairs le fait de patrons se
servant d'un nerf de bœuf pour maintenir ces petits êtres atten-
tifs au travail. M. Ch. Dupin signala à son tour à la tribune de la
Chambre des pairs que le conseil de révision réformait dans nos dix
départements les plus industrieux 9.930 infirmes ou difformes pour
10,000 admis, tandis qu'il n'en réformait que 4,029 dans les dix départements les plus agricoles.

La loi du 22 mars 1841 fixa à huit ans le minimum de l'âge d'ad-
mission dans les établissements industriels; la journée de travail
était, de huit à douze ans, limitée à huit heures, et à douze heures
de douze à seize ans; le travail de nuit, de neuf heures du soir à cinq
heures du matin, était, d'une façon générale, interdit au-dessous de
treize ans. Cette loi, d'ailleurs, ne fut jamais sérieusement appli-
quée. Une nouvelle loi a été élaborée il y a dix ans. La loi du 19
mai 1874, exécutoire depuis le 20 mai 1875, porte interdiction du
travail industriel dans les manufactures, fabriques, usines, chan-
tiers et ateliers, pour les enfants au-dessous de douze ans révolus.
Par exception, certaines industries peuvent employer des enfants dès
l'âge de dix ans; mais alors le maximum de travail qui est de douze
heures au-dessus de douze ans, est réduit à six heures divisées par
un repos. Le travail de nuit et le travail les dimanches et jours
fériés sont interdits avant seize ans révolus et avant vingt et un ans
pour les filles, « mais seulement dans les usines et manufactures »;
cette interdiction souffre certaines exceptions qui ne peuvent, en
tout cas, porter que sur des enfants au-dessus de douze ans. Par la
même loi il est défendu, en outre, d'employer des femmes aux travaux souterrains des mines, minières et carrières.

En annexant au personnel de travail une masse croissante d'enfants et de femmes, le machinisme parvient enfin à briser la résistance que l'adulte mâle opposait encore, dans la période manufacturière, aux tendances despotiques du capital; grâce à l'élément
plus facilement maniable des enfants et des femmes, celui ci put
définitivement asservir le travailleur à sa passion dominante, l'extraction de la plus grande quantité possible de surtravail.

La machine crée et des conditions nouvelles qui permettent au
capital de lâcher la bride à sa tendance constante de prolonger la
journée de travail, et des motifs nouveaux qui augmentent encore
sa soif du travail d'autrui. Plus les machines fonctionnent longtemps,
plus est grande la quantité de marchandises sur laquelle se répar-
tissent les déboursés entraînés par elles, et plus est petite la part
de leurs frais qui revient à chaque marchandise. Si les machines

s'usent en servant, elles s'usent du moins utilement ; mais elles s'usent aussi et s'endommagent par l'inaction, devenant alors la proie des éléments, de même qu'une épée se rouille dans le fourreau, en ce cas elles s'usent inutilement. C'est pourquoi on cherche à raccourcir leur temps d'inaction. Les machines sont, en outre, sujettes à ce qu'on pourrait appeler leur usure morale. En si bon état qu'elles se maintiennent, elles perdent de leur valeur par la construction de machines meilleures qui viennent leur faire concurrence. Ce danger est d'autant moins à craindre que la période d'usure matérielle est plus courte, et il est clair qu'une machine s'usera utilement d'autant plus vite que la journée de travail sera plus longue.

Un certain matériel réclamant l'aide de cent ouvriers, par exemple, permet d'atteindre un certain chiffre de production ; si, pour élever ce chiffre, on augmentait le nombre des ouvriers, il faudrait évidemment augmenter le matériel ; tandis que, en augmentant le nombre d'heures de travail fournies quotidiennement par les cent ouvriers, on peut arriver au résultat désiré sans avoir à augmenter un matériel qui sera seulement mis en œuvre pendant un temps plus long chaque jour. Là où, pour étendre sa production, une augmentation du nombre de ses ouvriers oblige le capitaliste à une avance plus considérable en bâtiments, machines, etc., la prolongation de la journée de travail atteint le but, sans accroître les dépenses faites en bâtiments et en machines.

D'autre part, en se développant, la production mécanique force à avancer une somme toujours plus forte en moyens de travail, en machines etc., et chaque interruption du temps de travail immobilise, de la sorte, un capital de plus en plus important. Inactifs, les moyens de travail sont une cause de perte pour le capitaliste, car, pendant le temps où ils n'absorbent pas de travail, ils représentent une avance stérile ; de plus, ils exigent souvent une dépense supplémentaire à chaque reprise de l'ouvrage. C'est là une considération qui, selon l'expression de l'économiste bourgeois Senior « rend désirables les longues heures de travail. »

Pour subir le moins d'interruption possible, les capitalistes ont imaginé le travail ininterrompu durant les heures de jour et de nuit, et les mêmes ouvriers ne pouvant malheureusement travailler vingt-quatre heures chaque jour, les capitalistes ont imaginé d'employer alternativement des ouvriers — il a fallu le leur interdire pour les enfants — de nuit et de jour, ce qui peut s'exécuter de diverses manières : une partie du personnel fait, par exemple, pendant une semaine le service de jour et pendant une autre semaine le service de nuit. Le système de travail de nuit profite d'autant plus au capitaliste qu'il se prête à une scandaleuse exploitation du travailleur, et facilite l'empiétement sur la limite nominale de la durée de travail, il a, surtout, une influence pernicieuse sur la santé ; mais le capitaliste réalise un bénéfice, et n'est-ce pas l'important ?

J'ai expliqué dans ma deuxième conférence que le gain du capitaliste, la plus-value, provenait non des éléments passifs du produit, des moyens de travail, mais exclusivement de l'élément actif, de la force de travail continuant à fonctionner après avoir produit l'équivalent de son prix d'achat. Si, par l'accroissement des forces productives, l'industrie mécanique augmente le surtravail des ouvriers employés, et par conséquent la plus-value, en remplaçant un certain nombre d'ouvriers par la machine, elle diminue, pour un capital donné, l'élément source de plus-value. L'emploi des machines, au point de vue de l'augmentation de la plus-value, renferme donc une contradiction ; et cette contradiction pousse instinctivement le capitaliste à prolonger la journée de travail, afin de compenser, par l'augmentation du degré de leur exploitation, la diminution du nombre proportionnel des ouvriers exploités.

Vous voyez par là que le machinisme, entre les mains du capital, suscite de nombreux motifs de prolonger sans mesure la journée de travail, en même temps qu'il procure la possibilité de le faire en courbant définitivement la masse ouvrière sous sa loi. Cette prolongation a été effectuée avec un débordement tel, qu'on a senti le besoin de remédier aux maux dont cette prolongation était la cause, en limitant légalement la journée de travail. Et qu'est-ce qui pourrait mieux caractériser le mode de production capitaliste, que cette nécessité s'imposant à l'Etat, à l'appareil gouvernemental de l'ordre capitaliste même, d'intervenir pour protéger la race qu'une aveugle cupidité attaque dans sa racine ? Il est bon d'ajouter que les mouvements révolutionnaires ouvriers n'ont pas été étrangers à la détermination de l'Etat. C'est après la révolution de février, le 2 mars 1848, qu'a été pris en France le premier décret en ce sens. La loi du 9 septembre 1848, qui atténua ce décret, a fixé le maximum de la journée de travail à douze heures dans les usines et manufactures. D'après Villermé, la journée de travail effectif était avant, de treize heures à Abbeville et à Louviers, de treize à quatorze à Mulhouse, de quatorze à quinze à Amiens, de quinze à Sedan. Du reste, on ne surveille guère l'application de la loi.

Ce qui montre la force apportée au capital par les nouvelles conditions économiques, c'est que, tandis qu'il lui fallait autrefois l'aide de l'Etat pour tirer des travailleurs une quantité suffisante de travail non payé, l'Etat aujourd'hui doit intervenir pour obvier à leur mortalité prématurée par suite du labeur excessif auquel le capital les astreint. Tandis que l'ancienne législation prolongeait la journée, la législation moderne doit la raccourcir; et la durée de la journée de travail imposée à la classe ouvrière jusqu'au dix-huitième siècle avec l'appui de l'Etat, correspond à peine à la limitation du temps de travail que l'Etat est réduit à décréter dans la seconde moitié du dix-neuvième.

Cette réaction de la société contre le danger de dégénérescence du prolétariat, provoquée par la prolongation démesurée du travail quotidien, la limitation légale de la journée, a amené le capital à essayer de gagner, par une augmentation de la quantité de travail dépensé dans un même temps, ce qu'il lui devenait interdit d'obtenir par une multiplication des heures de travail. Dès lors, l'ouvrier a été contraint à dépenser, au moyen d'un effort supérieur de sa force, plus d'activité par heure ; et on commença à évaluer la grandeur du travail doublement : d'abord, d'après sa durée; puis, d'après son degré d'intensité, c'est-à-dire d'après la quantité qu'en renferme un espace de temps donné. Comment obtient-on dans le même temps une plus grande dépense de force vitale, comment le travail est-il rendu, en un mot, plus intense ? Ce résultat du raccourcissement de la journée, découle de cette loi évidente, que la capacité d'action de toute force animale est d'autant plus grande que le temps pendant lequel elle agit est plus court. Dans certaines limites, on gagne en efficacité ce qu'on perd en durée.

Il n'existe qu'une manière d'obtenir de la plus-value, c'est de tirer

de la force de travail le plus possible, en la payant le moins possible,
Je viens de montrer de quelle façon le capital fait rendre au travailleur tout ce qu'il peut donner ; nous allons voir maintenant de
quelle façon il maintient les salaires au niveau favorable à son
exploitation.

Si, d'une part, l'introduction du machinisme dans une branche de
production, rend inutiles une partie des ouvriers qu'elle occupait, et
les rejette sur le marché à la recherche d'un nouveau gagne-pain,
le machinisme, d'autre part, peut occasionner une augmentation
d'emplois dans d'autres branches de production. Ainsi, les machines
donnent naissance à une espèce d'ouvriers exclusivement voués à
leur construction, et, plus il y a de machines à construire, plus cette
catégorie d'ouvriers est nombreuse. La quantité des articles fabriqués étant plus grande avec les machines, il faut plus de matières
premières, etc., il faut, par conséquent, que les industries qui
fournissent ces matières premières, etc., élèvent la quantité de leurs
produits, ce qui peut amener une hausse du nombre de leurs ouvriers.
Le meilleur marché de ces articles pousse au développement des industries auxquelles ils servent de moyens de production. La multiplicité
des produits augmente le travail dans l'industrie des transports. Par
suite des changements que le système mécanique entraîne de la
sorte dans le milieu économique, de nouvelles industries apparais-
sent et ouvrent autant de nouveaux débouchés au travail.

Enfin, dans la branche même où l'exploitation mécanique est in-
troduite ou perfectionnée, les profits extraordinaires que le nouveau
mode de travail procure à ceux qui en font la première application,
occasionnent bientôt une période d'activité fiévreuse. Ces profits
attirent le capital toujours à la recherche de placements privilégiés ;
le nouveau procédé se généralise ; l'établissement de nouvelles fabriques et l'extension des anciennes qui en résultent, augmentent
alors le nombre total des ouvriers occupés. Si, tout d'abord, une nouvelle application du machinisme réduit des travailleurs à un chômage forcé et les affame, elle finit par courber sous le joug du
capital plus de travailleurs qu'il n'y en avait à son apparition. A la
quantité grossissante des moyens de production, correspond, en fin
de compte, une élévation du nombre des salariés ; nous savons
comment l'enrôlement croissant de femmes et d'enfants est un
moyen d'augmenter ce nombre.

Mais, en même temps que le nombre des ouvriers attirés par le
capital atteint son maximum, les produits deviennent si abondants
qu'ils encombrent le marché sans parvenir à s'écouler, un ralentisse-
ment dans la production s'ensuit, et les travailleurs sont rejetés sur
le pavé attendant dans la misère la reprise des travaux. Les alter-
natives d'activité moyenne, de prospérité, de production excessive,
de crise et d'arrêt, qui caractérisent l'industrie moderne, constituent
l'état normal de l'ouvrier. Durant les périodes de répulsion de la
force de travail par le capital, les progrès techniques, stimulés par
la nécessité d'économiser le travail, opèrent des modifications qui
diminuent pour l'avenir le nombre des ouvriers nécessaires. Si chaque invention d'une nouvelle machine remplace brusquement une
foule d'ouvriers par quelques servants de machine, le perfectionnement continuel du machinisme rend continuellement superflus
quelques-uns de ces servants et, en même temps qu'il obtient un résultat donné avec moins de bras, il permet de substituer l'ouvrier

sans habileté particulière à l'ouvrier habile, la femme à l'homme, l'enfant à l'adulte; l'offre de travail qui était jusque-là normale pour un chiffre donné de production, devient surabondante, de sorte qu'une fraction plus ou moins importante de salariés cesse d'être utile. Ce mouvement se répétant avec le développement des moyens de production, crée une surpopulation ouvrière croissante. Cette surpopulation, il faut bien le remarquer, ne provient nullement d'une augmentation réelle de la population, mais de la situation du capital industriel auquel les progrès incessants du machinisme permettent de se passer d'une partie plus ou moins considérable de ses ouvriers.

L'affaiblissement constant, occasionné par le constant accroissement des moyens de production en nombre et en efficacité, de la quantité de force ouvrière nécessaire à l'exécution d'une quantité déterminée d'ouvrage, d'une part, fait que, si les rangs des salariés grossissent, comme nous l'avons vu il y a un instant, avec l'accroissement des moyens de production, ils grossissent dans une proportion décroissante, c'est-à-dire que, tout en augmentant, le nombre des ouvriers exploités diminue proportionnellement à l'échelle de la production; d'autre part, repoussant un nombre de plus en plus grand de travailleurs autrefois occupés, il forme une surpopulation ouvrière.

Cette surpopulation existant seulement par rapport aux besoins momentanés de l'exploitation capitaliste, peut augmenter et diminuer d'une manière subite, selon les mouvements d'expansion et de contraction de la production. Dans la phase actuelle de son évolution, la surpopulation ouvrière est une condition d'existence de la production capitaliste. Il lui faut une réserve industrielle, un nombre d'ouvriers supérieur à celui qui suffit à ses besoins moyens, pour que des bras disponibles puissent immédiatement se mettre à sa disposition chaque fois que l'état du marché amène une recrudescence des affaires. Les profits des fabricants dépendent surtout de la faculté d'exploiter l'instant favorable d'une forte demande, et de s'indemniser ainsi pour la période de chômage; or l'expansion de la production, au moment opportun, n'est possible qu'avec une armée industrielle de réserve toujours aux ordres du capital, indépendamment de l'augmentation naturelle de la population. Cette armée de réserve, entrant en activité pendant la période d'expansion de la production, rentrant en disponibilité pendant la période de contraction, peut seule tenir prête aux besoins flottants du capital la matière humaine indispensable.

La présence de cette réserve, son entrée tantôt partielle tantôt générale dans le service actif, puis sa reconstitution sur un cadre plus vaste, voilà ce qu'entraine avec la rapidité perturbatrice de ses progrès techniques le mouvement caractéristique de l'industrie moderne, passant à peu près tous les dix ans, comme je l'ai déjà indiqué, par les phases d'occupation ordinaire, de travail à haute pression, d'engorgement et de stagnation. A demi occupée ou complètement désœuvrée, l'armée de réserve est, pendant son oisiveté forcée, maintenue en deçà de la tombe par les sociétés de secours et les établissements d'assistance publique, dont on comprend, par suite, toute l'utilité pour les capitalistes.

La formation de cette réserve résulte non seulement du déplacement constant des ouvriers par la machine, mais encore de l'enrôlement de couches nouvelles de la classe ouvrière, des femmes et des enfants mis à la place de l'homme. C'est la tendance capitaliste, signalée précédemment, à substituer, à une force supérieure et plus chère d'adulte mâle, plusieurs forces inférieures mais à meilleur marché de femmes, d'enfants, d'adolescents, c'est le besoin qu'a le capital d'une plus grande proportion de femmes, d'enfants, de jeunes gens, que d'hommes faits, qui explique comment, dans un pays, on peut se plaindre de la disette de bras en même temps que des milliers d'ouvriers sont condamnés au chômage. À mesure que se développe, avec le machinisme, la puissance productive du travail, à mesure que le système capitaliste, par conséquent, obtient plus de richesse avec moins de travail, se développent aussi les moyens de soutirer plus de travail, soit en le prolongeant, soit en le rendant plus intense et d'en soutirer à un nombre plus élevé de salariés tout en créant une surabondance habituelle de bras. Cette surabondance, dont nous connaissons les causes, et que contribue à accroître l'excès de travail infligé aux ouvriers occupés, grâce auquel on peut évidemment en occuper un moins grand nombre, est, en outre, favorisée par l'emploi, possible au rabais, d'ouvriers étrangers, rejetant sur le pavé les nationaux. L'existence, pour tous ces motifs, d'une classe surnuméraire toujours prête à prendre la place de ceux qui travaillent, exerce sur ceux-ci une pression qui les soumet dociles à la domination, à l'exploitation du capital, et les réduit à accepter des salaires d'indigence.

Nous savons que l'offre et la demande font osciller le salaire au-dessus ou au-dessous de ce qu'il faut au producteur pour perpétuer sa force productrice. On comprend combien la concurrence constante des travailleurs surnuméraires altère le rapport de l'offre et de la demande au profit des capitalistes. D'autre part, il faut observer que, au lieu de n'agir que sur la demande, le capital agit des deux côtés à la fois. En effet, le développement croissant des puissances productives du travail, qui augmente la demande de bras, en augmente aussi l'offre puisqu'il fabrique des surnuméraires. En définitive, offre et demande de travail sont réglées par les besoins du capital qui fixent, avec l'expansion et la contraction alternative de la production, l'étendue de la réserve ouvrière.

Ce n'est donc point la hausse ou la baisse du chiffre absolu de la population ouvrière qui détermine le taux général des salaires. La proportion différente suivant laquelle la population ouvrière se décompose en armée active et en armée de réserve, l'augmentation ou la diminution des bras disponibles correspondant aux hauts et aux bas de la période industrielle, voilà ce qui détermine exclusivement les variations du taux général des salaires, c'est-à-dire les rapports entre le capital et la force ouvrière envisagés tous deux dans leur ensemble. Il ne faut pas confondre ces rapports généraux avec les oscillations particulières causées par des circonstances spéciales, tantôt dans une branche d'industrie, tantôt dans une autre. Dès que les profits dans l'une d'elles dépassent le taux moyen, des capitaux additionnels sont alléchés et s'y jettent, la demande de travail s'en ressent; devenant plus forte, elle peut faire monter les salaires. Si cette hausse a lieu, elle attire les ouvriers vers la branche d'industrie favorisée, jusqu'à ce que, par le fait même de cette affluence, la demande de travail trouvant largement à se satisfaire, le salaire retombe à son niveau ordinaire ou descende plus bas encore. L'envahissement de cette branche par les ouvriers cesse alors, et fait place à leur émigration en d'autres branches d'industrie. L'accroissement du capital peut produire ici une hausse des salaires, cette hausse une augmentation des ouvriers,

cette augmentation une baisse des salaires et celle-ci une diminution
des ouvriers : mais c'est là un mouvement localisé correspondant au
mouvement de distribution particulière des travailleurs entre les
diverses branches d'industrie, et non au chiffre absolu de la population ouvrière.

Les mêmes causes qui développent la force expansive du capital,
entrainant la mise en disponibilité de travailleurs, la réserve industrielle doit augmenter avec les ressorts de la richesse; mais plus
cette réserve est nombreuse, comparativement à la quantité des travailleurs occupés, plus est grande la partie de la classe ouvrière
ayant perdu, avec son salaire, ses conditions normales de vie, et
plus s'accroît le paupérisme. Le paupérisme dérivant de l'existence
d'une réserve industrielle, et celle-ci étant indispensable au mouvement de la production capitaliste, cette nécessité d'une réserve im-
plique la nécessité du paupérisme. Aussi, à mesure que le capital
gagne en puissance, la vente de la force de travail pour ceux qui
n'ont pas autre chose à vendre, devient plus incertaine et, dès lors,
que leur salaire soit haut ou bas, la situation des travailleurs doit em-
pirer. L'économiste bourgeois Villermé constatait en 1837, dans son
rapport à l'Académie des sciences morales et politiques, que le département le plus industriel de la France, le département du Nord,
était également le plus ravagé par le paupérisme.

Que l'expression en argent du prix de la force de travail, que le
salaire nominal soit plus ou moins élevé à une époque qu'à une
autre, dans un lieu que dans un autre, cela ne signifie pas que la
rétribution du travailleur soit meilleure ou pire. Pour bien apprécier
les divers taux réels des salaires, et, par conséquent, la situation
réelle des travailleurs, il ne faut pas, comme nous l'avons vu faire,
il y a quelques mois, à la plupart des journalistes bourgeois, très
ignorants et très déloyaux en matière économique, comparer les
chiffres apparents, mais les diverses dépenses de force ouvrière auxquelles ils correspondent et, surtout, les différences dans le pouvoir
d'achat qu'ils confèrent. Or, si nous examinons, non pas seulement
la somme d'argent touchée par le salarié, mais la quantité de subsistances que cette somme lui permet de se procurer, nous voyons,
prenant les chiffres donnés par le Journal de la Société de statistique,
que, de 1824 à 1853, les salaires ayant haussé de 37 0/0, le prix des
subsistances alimentaires a haussé de 45 0/0. De 1853 à 1880, la statistique officielle porte que les salaires ont haussé de 60 0/0; mais,
à la fin de l'an dernier, un économiste bourgeois, M. Cochut, écrivait
dans la *Revue des Deux Mondes* que les prix « de la viande, du
beurre, des légumes, des fruits, des œufs, du laitage », « sont dou-
blés depuis une trentaine d'années »; et, si on considère que l'élévation exorbitante des loyers, par exemple, est à ajouter à cette élévation des prix, on s'aperçoit que la hausse des salaires est inférieure
à l'accroissement des frais d'entretien; l'enchérissement progressif de
ces frais, d'après M. Cochut lui-même, « dépasse le plus souvent la
progression des salaires. »

M. Cochut nous fournit, d'ailleurs, des chiffres édifiants. Sur nos
37 millions d'habitants, il compte environ 18 millions 650 mille salariés ou individus improductifs, au nombre de plus d'un tiers, à la
charge des salariés. Actuellement ce groupe recueillerait par an
12 milliards 687 millions, soit par année et par personne 682 fr., ou
1 fr. 87 par jour. Cela donne pour vivre à un ménage de quatre per-
sonnes, chiffre ordinaire, 7 fr. 48 par jour. Or, M. Cochut écrit : « si

on dressait un tableau des consommations d'un ménage d'ouvrier avec les prix de 1820, de 1850 et de 1880 mis en regard, on verrait qu'un salaire de 8 fr. de nos jours, ne procure pas plus de bien-être qu'un salaire de 6 fr. il y a trente ans, qu'un salaire de 4 à 5 fr. il y a un demi-siècle.

Du reste, je ferai remarquer à propos de la hausse proportionnelle des salaires, que la proportion suivant laquelle s'exprime toute hausse, même la plus faible, est d'autant plus forte que le taux des salaires est plus bas. Qu'un salaire de 5 fr. monte de dix centimes, la hausse est de 2 0/0 ; mais que cette augmentation de dix centimes se produise sur un salaire de 2 fr., la hausse est immédiatement de 5 0/0. Qu'un salaire de 5 fr. monte de 1 fr., la hausse est de 20 0/0; le même supplément de 1 fr. donne une hausse proportionnelle de 50 0/0 avec un salaire de 2 fr.

Tous les chiffres que j'ai cités, je les ai pris chez l'ennemi sans les discuter ; et cependant les chiffres de M. Cochut, par exemple, rien qu'au point de vue arithmétique, sont un peu trop élevés. Or, même avec ces chiffres, vous voyez ce qu'il faut penser des publicistes qui affirment doctoralement que la position de la classe ouvrière va en s'améliorant. L'ouvrier mange plus de viande qu'autrefois, s'écrient-ils; mais n'est-il pas obligé de récupérer par une alimentation plus nutritive la plus grande quantité de force que lui fait perdre un labeur plus long ou plus intense? Et on sait que l'usage des viandes favorise l'action cérébrale et l'action musculaire. L'ouvrier boit plus d'alcool : mais n'est-il pas obligé par le degré d'intensité de son travail actuel, de chercher dans les stimulants un surcroît momentané d'énergie au préjudice de la durée de sa force ? Et l'alcool excite momentanément les forces, et aussi, ce qui est hélas ! trop souvent utile, il engourdit la douleur et apaise la faim ; le tabac apporte une impression de bien-être nutritif; d'autres substances comme le café, empêchent de se « dénourrir », suivant l'expression du chimiste Payen, ou diminuent les déperditions.

La consommation du travailleur n'est que la transformation de subsistances achetées par la vente de sa force de travail, en nouvelle force de travail, en nouvelle matière à exploiter par le capital. Si la consommation s'améliore, c'est que les modifications apportées au mode de travail l'exigent. Dans un mémoire à l'Académie de médecine, en 1850 se trouve relaté le fait suivant : Quand on nourrissait les travailleurs des forges du département du Tarn avec des végétaux, ils perdaient en moyenne quinze jours de travail par an, épuisés et malades. En 1833, Talabot fit de la viande la partie essentielle du régime; l'état sanitaire s'améliora au point que chaque ouvrier ne perdit plus, au lieu de quinze jours en moyenne, que trois jours pour le travail. Chaque ouvrier fournissait donc douze jours de plus par an, ce qui, sur l'ensemble, produisait un gain considérable. On n'ignore pas que, lors de la construction du chemin de fer de Paris à Rouen en 1841, il suffit de substituer le rosbif aux légumes dont se nourrissaient les ouvriers français, pour mettre ceux-ci en état de rendre autant de travail que les ouvriers anglais qui travaillaient à côté d'eux et se nourrissaient de viande.

La consommation du travailleur profite ainsi au capitaliste, auquel elle conserve, au degré d'efficacité convenable, son instrument essentiel. On envisage tellement la consommation du travailleur au seul point de vue de l'intérêt du capitaliste, qu'on s'indigne contre toute dépense superflue de la part de l'ouvrier, contre toute dépense qui

— 21 —

n'est pas strictement exigée par le maintien de sa force en état utile
au travail. Rappelez-vous les hauts cris et les sarcasmes tout récents
de la presse bourgeoise à propos de cet ouvrier qui, dressant son
budget pour la Commission d'Enquête, avait l'audace de comprendre
dans ses déboursés une somme destinée au payement de quelques
modestes distractions. L'ouvrier ayant la prétention d'aller au théâtre,
c'est renversant, n'est-il pas vrai ? comme si les jouissances de la
vie étaient faites pour lui ! Qu'il mange juste ce qu'il faut pour que
la mise en valeur du capital soit constamment assurée, qu'il rogne
même sur ce strict nécessaire quelques sous, de façon à n'être pas
à la charge de la société pendant les chômages ou pendant les périodes de maladie, tel est, selon les souteneurs et les entretenus,
comme tous les souteneurs, de l'ordre capitaliste, le devoir de l'ouvrier.

Si maintenant nous passons aux conditions matérielles dans les-
quelles s'accomplit le travail de fabrique, nous voyons les plus élé-
mentaires précautions hygiéniques négligées. Par économie, se trouvent supprimées, ou tout au moins viciées, pour l'ouvrier, pendant
son travail, les conditions vitales d'air, d'espace, de lumière, et les
mesures de protection contre les éventualités dangereuses et les circonstances insalubres. Quand un accident se produit, on a coutume
d'en faire retomber la faute sur les malheureuses victimes, alors
que, si faute il y a, cette faute est la plupart du temps motivée par
la nécessité, à laquelle les ouvriers sont astreints, de faire vite. L'ouvrier doit obéir, en effet, à la force d'impulsion croissante du machinisme.

Cette subordination technique du travailleur à la marche du moyen
de travail, crée une discipline de caserne parfaitement organisée dans
le régime de fabrique. Là toute liberté cesse de fait et de droit.
L'ouvrier mange et dort sur commande. Le capitaliste formule, suivant son bon plaisir, son code de fabrique. Aux travailleurs qui
viennent se plaindre de son arbitraire extravagant, on répond :
puisque vous avez accepté volontairement ce contrat, il faut vous y
soumettre. Comme sanction, il y a les amendes et les retenues sur
le salaire, de sorte que le capitaliste profite de la violation comme
de l'observation de ses lois. L'argument suprême est la menace de
renvoi. Le capitaliste tient l'ouvrier par la faim.

Les producteurs immédiats ayant besoin pour manger d'être admis
au service des gigantesques moyens de production, le maître de ces
moyens est le maître absolu des producteurs, et son autorité despo-
tique se fait sentir non seulement dans la fabrique, mais encore en
dehors. La loi proclame l'égalité civile et politique de tous les
citoyens, chacun a légalement la même part de souveraineté, tous
ont les mêmes droits. Qu'importe la loi. Il suffit au capitaliste de
menacer de renvoi les salariés qui s'occuperont de politique, qui
useront de leur droit de parler, d'écrire ou de se réunir, qui pren-
dront part aux luttes électorales, ainsi que le fait s'est produit, par
exemple, au Creusot, à Reims et tout récemment à Anzin, et, du
coup, tous les droits légaux de toute une catégorie de citoyens sont
supprimés par une volonté particulière. Soutenir après cela qu'il n'y
a plus de classes, que c'est là l'invention de révolutionnaires sans
orthographe, ne peut être que l'invention de conservateurs sans
bonne foi, ou d'écrivains qui, s'ils ont autant d'orthographe qu'ils
aiment à le laisser entendre, ne brillent ni par la science, ni par la
raison : tel serait un clown qui, ferré sur l'usage des muscles, ha-

bile à s'en servir et infatué de son unique habileté, traiterait d'inventions les découvertes physiologiques auxquelles, naturellement, il ne comprendrait rien, en reprochant aux physiologistes de ne pas savoir se disloquer.

Voici ce qu'écrivait sur la situation des classes laborieuses, dans son rapport de 1848 à l'Académie des sciences morales et politiques, rapport qui contient tant de hideux détails de souffrance ouvrière, l'économiste bourgeois Adolphe Blanqui : « Les grandes transformations de nos fabriques depuis vingt-cinq ans, n'ont pas peu contribué à produire les diverses crises où se débat le travail manufacturier parmi nous. Nous voyons tous les jours disparaître les petits ateliers, le travail éparpillé, les métiers domestiques. L'industrie s'organise en usines immenses, qui ressemblent à des casernes ou à des couvents, pourvues d'un matériel imposant, servi par des moteurs d'une puissance infinie. Les ouvriers s'entassent par centaines, quelquefois par milliers, dans ces laboratoires sévères où leur travail, soumis aux ordres des machines, est exposé comme elles à toutes les vicissitudes résultant des variations de l'offre et de la demande. Leurs souffrances prennent bientôt le caractère d'une calamité publique. » Et il ajoute que, durant ces transformations, « le flot du paupérisme ne cessait de monter et la misère de s'accroître. Les meilleurs esprits de l'Europe étaient profondément préoccupés de ce contraste, tous les jours plus remarquable, de la détresse des uns et de l'opulence des autres, en dépit de la masse de produits créés par le travail perfectionné de tous. »

La grande industrie et la concentration de l'outillage qui la caractérise, sont de plus en plus développées par les conditions modernes de la production. Le régime de fabrique, dans une branche d'industrie, apparaît d'ordinaire dès que l'eau ou la vapeur remplace les muscles humains comme force motrice dans le maniement d'une machine-outil. Çà et là, néanmoins, le régime de petite industrie peut momentanément fonctionner avec un moteur mécanique, en louant la vapeur ou en se servant de petites machines motrices particulières comme les machines à gaz. Mais si le régime de grande industrie n'a pas encore envahi toutes les branches d'industrie, à mesure qu'il se développe on voit, sous son action, se transformer le caractère de toutes. Le principe du système mécanique qui, je l'ai dit tout à l'heure, analyse un acte de production dans ses phases constituantes, et résout les questions d'exécution au moyen de la science, ce principe finit par s'imposer partout. En s'emparant tantôt de tel procédé, tantôt de tel autre, en pénétrant tantôt pour une opération, tantôt pour une autre, dans les anciennes manufactures, le machinisme bouleverse et leur organisation, due à une division consacrée du travail manuel et la composition de leur personnel, basant désormais la division du travail sur l'emploi des femmes, des enfants, des ouvriers inhabiles, bref sur l'emploi du travail à bon marché.

La grande industrie agit de même sur la soi-disant industrie domestique, qui n'a rien de commun avec l'ancienne industrie domestique supposant l'indépendance du producteur ; qu'elle se pratique dans le logement même de l'ouvrier ou dans de petits ateliers, ce n'est là maintenant qu'une annexe de la fabrique, de la manufacture, ou du magasin de marchandises. La confection des articles d'habillement, par exemple, est en grande partie exécutée par ces tra-

vailleurs dits à domicile, pour le compte des fabricants, des pro-
priétaires de magasins qui leur fournissent les éléments du travail,
en leur donnant la commande. Ainsi, outre les ouvriers de fabrique,
les ouvriers manufacturiers et les artisans qu'il concentre par
grandes masses dans de vastes ateliers, le capital possède une armée industrielle disséminée sur divers points du territoire; il fait
entrer en concurrence les ouvriers des villes de province et des campagnes, avec les ouvriers de Paris et des grandes villes, dout les salaires sont, de cette façon, dépréciés.

L'exploitation des travailleurs à bon marché, se pratique avec plus
de cynisme dans la manufacture moderne que dans la fabrique proprement dite, parce que le remplacement de la force musculaire par
les machines, effectué dans la fabrique, fait en grande partie défaut
dans la manufacture; dans l'industrie à domicile, cette exploitation
est encore plus scandaleuse que dans la manufacture, parce que le
pouvoir de résistance des travailleurs est moindre à cause de leur
dispersion, parce que toute une bande d'intermédiaires, de marchan-
deurs, de parasites voraces, se faufile la plupart du temps entre le
capitaliste et l'ouvrier et vit aux depens de celui-ci, parce que l'ouvrier est par sa pauvreté condamné à vivre dans des bouges, parce
que, enfin, c'est parmi ces travailleurs, que la concurrence ouvrière
atteint son maximum.

Le minimum de frais de production que la grande industrie réalise à l'aide du machinisme et de l'organisation de travail qu'il com-
porte, on cherche à l'atteindre dans la manufacture moderne et le
travail à domicile par la plus honteuse dilapidation de la force ouvrière. On n'occupe, par exemple, un ouvrier et on ne le paye que
s'il livre à heure fixe sa besogne parfaitement achevée, et, comme
le délai qu'on lui donne serait insuffisant avec un travail d'une
durée quotidienne ordinaire, on l'oblige de cette façon, sans la
moindre compensation pécuniaire, à une prolongation excessive de
travail. Ces vieux modes de production modifiés, défigurés sous
l'influence de la grande industrie, reproduisent, en les exagérant,
ses énormités homicides, jusqu'au jour où ils sont forcés de disparaître. Ce qui, en particulier, contribue à maintenir l'industrie domestique, c'est qu'elle dispense le capitaliste des frais d'atelier et de
machines, et de la perte résultant, pendant les chômages, de l'immo-
bilisation d'un gros capital.

L'économie des frais, l'abaissement du prix de la force ouvrière
par l'emploi de femmes et d'enfants, par la privation des conditions
normales de vie, par l'excès de travail, se heurtent à la fin à des
obstacles physiques que les bornes des forces humaines empêchent
de franchir. Là s'arrête aussi, pour l'exploitation capitaliste, le bon
marché des produits obtenu par ces procédés. Si, pour arriver à ce
point, il faut de longues années, alors sonne l'heure de la transformation du travail à domicile et de la manufacture en fabrique. La
marche de cette révolution industrielle serait hâtée par la sérieuse
application des lois limitant la journée de travail et excluant les
enfants au-dessous d'un certain âge, qui obligerait le capitaliste
manufacturier à multiplier le nombre de ses machines et à substituer comme force motrice la vapeur aux muscles. Quant au travail
à domicile, sa seule arme dans la guerre de la concurrence est l'exploitation sans bornes des forces de travail à bon marché ; l'enquête
qui aboutit à la loi de 1841 établit que, dans les petits ateliers, les
enfants travaillaient jusqu'à dix-huit heures par jour; lorsque cette

exploitation illimitée ne lui sera plus possible, il sera condamné à mort à brève échéance.

S'il a réagi sur la petite industrie, le machinisme a également révolutionné l'agriculture dans la sphère de laquelle il a introduit, avec la grande industrie, l'augmentation de productivité et le rendement supérieur du travail. L'abondance des produits à bas prix qui en est la conséquence chez certaines nations, ruinera, là comme partout, en dépit de tous les tarifs douaniers, celles qui produiront moins économiquement.

Mais l'outillage mécanique est incompatible avec notre petite culture et notre petite propriété rurale ; aussi, dans le régime agricole actuel, le travail du paysan est et sera de moins en moins rémunérateur. Les campagnes, je l'ai déjà constaté, se vident peu à peu au profit des villes. « Beaucoup de terres, lit-on dans la *Revue des Deux Mondes* du 16 juin dernier, sont en friche, beaucoup sont laissées. Dans un seul arrondissement de l'Aisne, 167 propriétés ne sont pas cultivées par le fermier et ne sont pas reprises par le propriétaire. Dans un autre arrondissement de l'Aisne, 123 fermes se trouvent dans le même cas. Dans dix départements du Nord et du Nord-Est, les fermiers découragés abandonnent la culture. Depuis quelque temps, la crise a gagné les environs de Paris. » A l'enquête de 1879 sur la situation de l'agriculture en France, le secrétaire perpétuel de la Société nationale d'agriculture, M. Barral, répond : « Le nombre des bras disponibles pour les travaux de l'agriculture est devenu généralement insuffisant... Les meilleurs ouvriers quittent la campagne pour les villes... Le taux des salaires s'est considérablement accru depuis vingt ans dans la plus grande partie de la France ; selon les régions, il est maintenant de 20, de 30, de 50, de 100 pour 100 plus élevé. Le prix de la nourriture et les exigences de l'alimentation ont augmenté encore plus rapidement que les salaires. »

D'autre part, si la petite exploitation routinière faisait place à la grande exploitation appliquant les méthodes mécaniques, ce serait le remplacement du paysan, « dernier rempart » de la vieille société, par le salarié, par le prolétaire agricole ; et la transformation capitaliste aurait, dans la production agricole, les effets que je viens d'étudier dans la production industrielle. De toutes façons, on aboutit, pour employer les termes de la *Revue des Deux Mondes*, au « chômage du sol », à « l'absentéisme », au « prolétariat agricole ».

Dans les divers domaines de l'activité productrice, partout aujourd'hui, vous le voyez, le machinisme et les combinaisons de travail qu'il entraîne, qu'ils aient ou non en réalité complètement détruit les anciennes combinaisons, font la loi. J'ai exposé le développement du machinisme et de la grande industrie capitaliste, et j'en ai montré les principales conséquences. La prochaine fois, je tirerai les conclusions qui se dégagent des tendances constatées, et j'indiquerai vers quelle transformation nous amène inévitablement le mouvement évolutif des forces productives.

Paris. — Typ. Collombon et Brulé, rue de l'Abbaye, 22.

9 782019 920746